AF607042

HONGOS DE YUGGOTH

H. P. Lovecraft

Número 39 de la Colección **PERVERSA**

Hongos de Yuggoth

Edición al cuidado de Averso Poesía
www.aversopoesia.com

© H. P. Lovecraft
© Traducción: Candelas Bayón Cenitagoya

© Aliar 2015 Ediciones S.L.
hola@aversopoesia.com

Primera edición: octubre de 2024
ISBN: 978-84-10027-46-6
Depósito Legal: GR 1506-2024

Impreso en España - *Printed in Spain*

El papel utilizado para la impresión de este libro está calificado como papel ecológico y procede de bosques gestionados de manera sostenible.

La reproducción total o parcial del contenido de este libro, por cualquier medio, no autorizada por los autores o editores, viola los derechos reservados y las leyes sobre la propiedad intelectual. Cualquier reproducción debe ser previamente autorizada.

HONGOS DE YUGGOTH

H. P. Lovecraft

Traducción de Candelas Bayón

HONGOS DE YUGGOTH

H. P. Lovecraft

I. The Book

The place was dark and dusty and half-lost
In tangles of old alleys near the quays,
Reeking of strange things brought in from the seas,
And with queer curls of fog that west winds tossed.
Small lozenge panes, obscured by smoke and frost,
Just shewed the books, in piles like twisted trees,
Rotting from floor to roof—congeries
Of crumbling elder lore at little cost.

I entered, charmed, and from a cobwebbed heap
Took up the nearest tome and thumbed it through,
Trembling at curious words that seemed to keep
Some secret, monstrous if one only knew.
Then, looking for some seller old in craft,
I could find nothing but a voice that laughed.

I. El libro

El sitio estaba oscuro y polvoriento y escondido
en la maraña de viejos callejones cercanos a los muelles,
apestaba a lo insólito traído del mar,
y lo acompañaban extraños anillos de niebla por el viento movidos.
Cristales pequeños y oblongos, por el humo y la escarcha oscurecidos
dejaban ver los libros, en pilas como árboles torcidos,
pudriéndose del suelo al techo, conocimiento
milenario cayéndose a desordenados pedazos, a buen precio.

Encantado, me adentré, y de un montón de telarañas
cogí el tomo más cercano y lo ojeé,
temblando ante las curiosas palabras que parecían
guardar algún secreto, monstruoso si conocerse pudiera.
Después, buscando algún vendedor que el oficio conociera,
no pude encontrar nada más que una voz que reía.

II. Pursuit

I held the book beneath my coat, at pains
To hide the thing from sight in such a place;
Hurrying through the ancient harbor lanes
With often-turning head and nervous pace.
Dull, furtive windows in old tottering brick
Peered at me oddly as I hastened by,
And thinking what they sheltered, I grew sick
For a redeeming glimpse of clean blue sky.

No one had seen me take the thing—but still
A blank laugh echoed in my whirling head,
And I could guess what nighted worlds of ill
Lurked in that volume I had coveted.
The way grew strange—the walls alike and madding—
And far behind me, unseen feet were padding.

II. Persecución

Sostuve el libro bajo mi abrigo, con esfuerzo
de ocultar aquella cosa en sitio tal;
me apresuré entre los antiguos carriles del puerto
mirando hacia atrás y a ritmo nervioso.
Pálidas, furtivas ventanas sobre ladrillo tembloroso
me observaban, extrañadas, a mi paso
y, pensando en lo que guardaban, anhelé
un vistazo redentor del azul y límpido cielo.

Nadie me había visto llevarme la cosa—pero
una risa vacía rebotaba en mi cabeza, con desvelo,
y podía adivinar qué palabras crepusculares y enfermizas
en el volumen que codicié acechaban.
El camino se tornó extraño—la paredes enloquecedoras
 y movedizas—
y, lejos de mí, se escuchaban, invisibles, las pisadas.

III. The Key

I do not know what windings in the waste
Of those strange sea-lanes brought me home once more,
But on my porch I trembled, white with haste
To get inside and bolt the heavy door.
I had the book that told the hidden way
Across the void and through the space-hung screens
That hold the undimensioned worlds at bay,
And keep lost aeons to their own demesnes.

At last the key was mine to those vague visions
Of sunset spires and twilight woods that brood
Dim in the gulfs beyond this earth's precisions,
Lurking as memories of infinitude.
The key was mine, but as I sat there mumbling,
The attic window shook with a faint fumbling.

III. La llave

No sé qué requiebros de la basura
de aquellas extrañas calles marítimas me hicieron llegar
    a casa una vez más,
pero en mi porche temblé, lívido del apuro
de entrar por la pesada puerta como un rayo.
Tenía el libro que explicaba el camino oculto
a través del vacío y de las pantallas espaciales
que mantienen a raya los mundos indimensionados,
y perdidos los eones en sus dominios.

Al fin era mía la llave hacia esas vagas visiones
de agujas de fuego y bosques crepusculares que nacen,
lúgubres, en los golfos más allá de las normas de esta Tierra,
acechando como recuerdos de lo eterno.
La llave era mía, pero permanecí sentado, murmurando,
la ventana del ático me respondió con un débil crujido.

IV. Recognition

The day had come again, when as a child
I saw—just once—that hollow of old oaks,
Grey with a ground-mist that enfolds and chokes
The slinking shapes which madness has defiled.
It was the same—an herbage rank and wild
Clings round an altar whose carved sign invokes
That Nameless One to whom a thousand smokes
Rose, aeons gone, from unclean towers up-piled.

I saw the body spread on that dank stone,
And knew those things which feasted were not men;
I knew this strange, grey world was not my own,
But Yuggoth, past the starry voids—and then
The body shrieked at me with a dead cry,
And all too late I knew that it was I!

IV. Reconocimiento

Llegó de nuevo el día, cuando de niño
vi—solo una vez—los viejos robles en hueco paisaje,
gris de niebla baja que envuelve y estrangula
a las elusivas figuras profanadas por la locura.
Era lo mismo—una vegetación rancia y salvaje
se agarra a un altar cuyo grabado invoca
al Sin Nombre hacia quien mil humaredas
se elevaron, hace eones, desde inmundas torres.

Vi el cuerpo en la fría piedra extendido
y supe que quienes se atiborraban no eran hombres;
supe que este extraño mundo gris no era el mío,
sino Yuggoth, más allá de las voces estelares— y entonces
me suplicó con un llanto inerme el cuerpo,
y, demasiado tarde, supe que era yo el muerto.

V. Homecoming

The daemon said that he would take me home
To the pale, shadowy land I half recalled
As a high place of stair and terrace, walled
With marble balustrades that sky-winds comb,
While miles below a maze of dome on dome
And tower on tower beside a sea lies sprawled.
Once more, he told me, I would stand enthralled
On those old heights, and hear the far-off foam.

All this he promised, and through sunset's gate
He swept me, past the lapping lakes of flame,
And red-gold thrones of gods without a name
Who shriek in fear at some impending fate.
Then a black gulf with sea-sounds in the night:
"Here was your home," he mocked, "when you had sight!"

V. Regreso a casa

El demonio dijo que me llevaría a casa
a la tierra que apenas recordaba, pálida y lóbrega,
como un sitio elevado de escaleras y terraza, cercado
por balaustradas de mármol, por las que el viento celeste pasa,
mientras mucho más abajo se extiende al lado
de un mar un laberinto de cúpula y torre.
Una vez más, me dijo, me quedaría embelesado
en esas alturas antiguas, y escucharía la espuma que corre.

Todo eso prometió, y a través de las puertas del crepúsculo
me arrastró, más allá de los ondeantes lagos de fuego
y los tronos rojizos de oro de dioses sin nombre
que, ante algún destino inminente, gritaban de miedo.
Después, un golfo negro sonando a mar en la noche sombría:
Aquí estaba tu casa, se burló, cuando veías.

VI. The Lamp

We found the lamp inside those hollow cliffs
Whose chiseled sign no priest in Thebes could read,
And from whose caverns frightened hieroglyphs
Warned every creature of earth's breed.
No more was there—just that one brazen bowl
With traces of a curious oil within;
Fretted with some obscurely patterned scroll,
And symbols hinting vaguely of strange sin.

Little the fears of forty centuries meant
To us as we bore off our slender spoil,
And when we scanned it in our darkened tent
We struck a match to test the ancient oil.
It blazed—great God!... But the vast shapes we saw
In that mad flash have seared our lives with awe.

VI. La lámpara

En aquellas colinas huecas encontramos la lámpara
cuyos símbolos cincelados no podría leer ni un sacerdote en Tebas,
con aterradores jeroglíficos, en su caverna,
que advertían a toda criatura de la terrestre raza.
Nada más había allí—más que un cuenco de bronce
con restos, dentro, de un curioso aceite;
por una greca de obscuro patrón ribeteado
y símbolos que vagamente insinuaban un nefando pecado.

Poco significaban los miedos de hacía cuarenta siglos
para nosotros, mientras nos llevábamos nuestro botín, escaso,
y, cuando lo introdujimos en nuestra tienda al ocaso,
encendimos con fósforo el aceite antiguo.
Ardió—¡santo Dios!... Pero las vastas figuras que distinguimos
en ese destello sin cordura han teñido nuestras vidas de locura.

VII. Zaman's Hill

The great hill hung close over the old town,
A precipice against the main street's end;
Green, tall, and wooded, looking darkly down
Upon the steeple at the highway bend.
Two hundred years the whispers had been heard
About what happened on the man-shunned slope—
Tales of an oddly mangled deer or bird,
Or of lost boys whose kin had ceased to hope.

One day the mail-man found no village there,
Nor were its folk or houses seen again;
People came out from Aylesbury to stare—
Yet they all told the mail-man it was plain
That he was mad for saying he had spied
The great hill's gluttonous eyes, and jaws stretched wide.

VII. La colina de Zaman

La gran colina colgaba cercana al centro antiguo,
un precipicio en el que desembocaba la calle principal;
verde, alta, poblada de bosques, mirando oscuramente hacia el final
sobre el campanario en la curva del camino.
Doscientos años los rumores se habían escuchado
sobre lo que ocurrió en esa ladera, que el hombre rehuyó—
historias de un ciervo o un pájaro extrañamente mutilados,
o de niños perdidos a los que dejaron de esperar los suyos.

Un día el cartero no encontró allí el pueblo,
ni fueron más vistas sus gentes o sus casas;
llegaban los viajeros desde Aylesbury para contemplar—
y todos le decían al cartero que era simple:
estaba loco por mirar
a los ávidos ojos de la colina, a sus fauces abiertas.

VIII. The Port

Ten miles from Arkham I had struck the trail
That rides the cliff-edge over Boynton Beach,
And hoped that just at sunset I could reach
The crest that looks on Innsmouth in the vale.
Far out at sea was a retreating sail,
White as hard years of ancient winds could bleach,
But evil with some portent beyond speech,
So that I did not wave my hand or hail.

Sails out of Innsmouth! echoing old renown
Of long-dead times. But now a too-swift night
Is closing in, and I have reached the height
Whence I so often scan the distant town.
The spires and roofs are there—but look! The gloom
Sinks on dark lanes, as lightless as the tomb!

VIII. El puerto

A diez millas de Arkham había encontrado el camino
que bordea el acantilado sobre Boynton Beach,
y esperaba que al atardecer pudiera alcanzar
el pico que mira hacia Innsmouth en el valle.
Mar adentro una embarcación se retiraba,
tan blanca, por duros años de vientos antiguos decolorada,
pero en su portento enmudecedor, malvada,
de forma que no la saludé.

¡Zarpa de Innsmouth! Haciéndose eco del viejo prestigio
de tiempos pasados. Pero ahora llega una noche demasiado
ligera en su muerte, y yo había llegado a la altura
desde la que tantas veces contemplé la ciudad lejana.
Las chimeneas y los techos están ahí, ¡pero mira! La penumbra
se hunde en callejuelas oscuras, lóbregas como una tumba.

IX. The Courtyard

It was the city I had known before;
The ancient, leprous town where mongrel throngs
Chant to strange gods, and beat unhallowed gongs
In crypts beneath foul alleys near the shore.
The rotting, fish-eyed houses leered at me
From where they leaned, drunk and half-animate,
As edging through the filth I passed the gate
To the black courtyard where the man would be.

The dark walls closed me in, and loud I cursed
That ever I had come to such a den,
When suddenly a score of windows burst
Into wild light, and swarmed with dancing men:
Mad, soundless revels of the dragging dead—
And not a corpse had either hands or head!

IX. El patio

Era la ciudad que conocía;
la ciudad antigua, leprosa, donde la heterogénea marabunta
cantaba a extraños dioses y profanos gongs sonar hacía
en criptas soterradas bajo infames callejones, cercanos a la orilla.
Me miraban con malicia los ojos de pez de las putrefactas casas
desde donde se apoyaban, borrachas, inermes,
como bordeando la suciedad atravesé las puertas
del negro patio donde estaría el hombre.

Los oscuros muros me encerraron, y maldije
haber ido a aquel lugar,
cuando sentí una veintena de ventanas estallar con luz salvaje
y un enjambre de hombres bailarines:
locas y mudas, las celebraciones de los muertos renqueantes—
y ni un cadáver tenía cabeza o extremidades.

X. The Pigeon-Flyers

They took me slumming, where gaunt walls of brick
Bulge outward with a viscous stored-up evil,
And twisted faces, thronging foul and thick,
Wink messages to alien god and devil.
A million fires were blazing in the streets,
And from flat roofs a furtive few would fly
Bedraggled birds into the yawning sky
While hidden drums droned on with measured beats.

I knew those fires were brewing monstrous things,
And that those birds of space had been Outside—
I guessed to what dark planet's crypts they plied,
And what they brought from Thog beneath their wings.
The others laughed—till struck too mute to speak
By what they glimpsed in one bird's evil beak.

X. Los voladores de palomas

Me llevaron a los barrios bajos, donde los adustos muros de ladrillo
de viscosa maldad acumulada henchidos,
y rostros apilándose, repugnantes y gruesos, en guiños retorcidos,
enviaban mensajes a un dios y a un diablo desconocidos.
Un millón de fuegos refulgía en las calles,
y de los techos planos volaban algunos furtivos,
embarrados pájaros hacia el amplio cielo
mientras tambores ocultos zumbaban a un son preciso.

Sabía que esos fuegos fermentaban monstruosidades,
y que esos pájaros del espacio habían estado Fuera—
adiviné para la cripta de qué oscuro planeta perpetraban maldades,
y lo que de Thog bajo sus alas trajeran.
Los otros reían—hasta que los hizo enmudecer
lo que vieron en el pico del malvado ser.

XI. The Well

Farmer Seth Atwood was past eighty when
He tried to sink that deep well by his door,
With only Eb to help him bore and bore.
We laughed, and hoped he'd soon be sane again.
And yet, instead, young Eb went crazy, too,
So that they shipped him to the county farm.
Seth bricked the well-mouth up as tight as glue—
Then hacked an artery in his gnarled left arm.

After the funeral we felt bound to get
Out to that well and rip the bricks away,
But all we saw were iron hand-holds set
Down a black hole deeper than we could say.
And yet we put the bricks back—for we found
The hole too deep for any line to sound.

XI. El pozo

Seth Atwood el granjero pasaba los ochenta cuando
aquel pozo cercano a su puerta trató de cubrir
con Eb como única ayuda.
Nos reímos y deseamos que pronto volviera su cordura.
En cambio, el joven Eb también enloqueció,
de modo que a la granja del condado se le envió.
Seth cubrió la boca del pozo de ladrillos, apretados
    como el pegamento—
y se macheteó una arteria en su nudoso brazo izquierdo.

Después del funeral nos sentimos compelidos a ir
hacia ese pozo y retirar los adobes,
pero todo lo que vimos fueron asideros de hierro distribuidos
en un agujero negro más profundo de lo que podíamos decir.
Y así, los colocamos de nuevo—pues encontramos
el agujero demasiado profundo como para que ningún
    sonido se pudiera emitir.

XII. The Howler

They told me not to take the Briggs' Hill path
That used to be the highroad through to Zoar,
For Goody Watkins, hanged in seventeen-four,
Had left a certain monstrous aftermath.
Yet when I disobeyed, and had in view
The vine-hung cottage by the great rock slope,
I could not think of elms or hempen rope,
But wondered why the house still seemed so new.

Stopping a while to watch the fading day,
I heard faint howls, as from a room upstairs,
When through the ivied panes one sunset ray
Struck in, and caught the howler unawares.
I glimpsed—and ran in frenzy from the place,
And from a four-pawed thing with human face.

XII. El aullador

Me advirtieron contra el camino de Brigg's Hill
que solía ser el que atravesaba Zoar,
puesto que Goody Watkins, colgado a en el mil setecientos cuatro,
había dejado un monstruoso rastro.
Aún así, cuando desobedecí, y tuve a la vista
la enviñada cabaña en la rocosa ladera,
no pude pensar en olmos ni en cuerda de cáñamo,
sino preguntarme por qué la casa parecía tan nueva.

Demorándome a observar el día apagarse,
escuche débiles aullidos, como si proviniesen de una habitación
arriba,
cuando a través de la hiedra de los cristales un rayo de sol
penetró, y pilló al aullador desprevenido.
Atisbé—y hui del lugar, frenético,
y de una criatura con rostro humano, cuadrúpeda.

XIII. Hesperia

The winter sunset, flaming beyond spires
And chimneys half-detached from this dull sphere,
Opens great gates to some forgotten year
Of elder splendours and divine desires.
Expectant wonders burn in those rich fires,
Adventure-fraught, and not untinged with fear;
A row of sphinxes where the way leads clear
Toward walls and turrets quivering to far lyres.

It is the land where beauty's meaning flowers;
Where every unplaced memory has a source;
Where the great river Time begins its course
Down the vast void in starlit streams of hours.
Dreams bring us close—but ancient lore repeats
That human tread has never soiled these streets.

XIII. Hesperia

El atardecer invernal, llameando más allá de las agujas
y chimeneas medio separadas de esta pálida esfera,
abre grandes puertas a un año olvidado
de antiguo esplendor y divina espera.
Milagros expectantes arden en exuberantes fuegos,
aventureros y no exentos de miedo;
una hilera de esfinges adonde el camino nos guía
hacia muros y torretas, trémulos ante lejanas liras.

Es la tierra en la que florece el significado de la belleza;
en la que tiene origen todo recuerdo descolocado;
en la que el gran río Tiempo comienza su nado
por el vasto vacío en corrientes de horas iluminadas por las estrellas.
Los sueños nos acercan—pero un conocimiento antiguo señala
que nunca mancilló estas calles la huella humana.

XIV. Star-Winds

It is a certain hour of twilight glooms,
Mostly in autumn, when the star-wind pours
Down hilltop streets, deserted out-of-doors,
But shewing early lamplight from snug rooms.
The dead leaves rush in strange, fantastic twists,
And chimney-smoke whirls round with alien grace,
Heeding geometries of outer space,
While Fomalhaut peers in through southward mists.

This is the hour when moonstruck poets know
What fungi sprout in Yuggoth, and what scents
And tints of flowers fill Nithon's continents,
Such as in no poor earthly garden blow.
Yet for each dream these winds to us convey,
A dozen more of ours they sweep away!

XIV. Vientos estelares

Es una cierta hora de penumbra crepuscular,
más bien en otoño, cuando sopla el viento estelar
por las calles de las colinas, desiertos exteriores,
pero mostrando temprana luz de lámpara en cálidas habitaciones.
El muerto huye apresurado, con giros fantásticos e inesperados,
y anillos de humo con extraña gracia enroscados,
describiendo geometrías del espacio exterior,
mientras Fomalhaut observa entre las neblinas del sur.

Es esta la hora en que el poeta lunático llega a saber
qué hongos brotan en Yuggoth y qué aromas
y tintes florales anegan los continentes de Nithon,
como en ningún otro pobre jardín terrestre.
Pero por cada sueño que nos traen esos vientos
arrasan una docena de los nuestros.

XV. Antarktos

Deep in my dream the great bird whispered queerly
Of the black cone amid the polar waste;
Pushing above the ice-sheet lone and drearly,
By storm-crazed aeons battered and defaced.
Hither no living earth-shapes take their courses,
And only pale auroras and faint suns
Glow on that pitted rock, whose primal sources
Are guessed at dimly by the Elder Ones.

If men should glimpse it, they would merely wonder
What tricky mound of Nature's build they spied;
But the bird told of vaster parts, that under
The mile-deep ice-shroud crouch and brood and bide.
God help the dreamer whose mad visions shew
Those dead eyes set in crystal gulfs below!

XV. Antarktos

En mi sueño profundo susurra extraño el gran pájaro
del cono negro en el polar páramo;
solitario y triste, empujando por encima de la capa de hielo,
por tormentosos eones, golpeado y anulado su vuelo.
Aquí ninguna figura terrestre viviente sigue su curso
y solo pálidas auroras y soles ambiguos
brillan sobre esa piedra cavernosa, cuyas fuentes primarias
adivinan vagamente los Antiguos.

Si el hombre debe vislumbrarla, solo podrá preguntarse
qué difícil montículo de la Naturaleza mira;
pero el pájaro habló de más vastas partes, que bajo
el hielo profundo se agazapan y rumian y aguardan.
Dios ayude al ido, al soñador cuyas visiones muestren
esos ojos engastados en acantilados de cristal, inermes.

XVI. The Window

The house was old, with tangled wings outthrown,
Of which no one could ever half keep track,
And in a small room somewhat near the back
Was an odd window sealed with ancient stone.
There, in a dream-plagued childhood, quite alone
I used to go, where night reigned vague and black;
Parting the cobwebs with a curious lack
Of fear, and with a wonder each time grown.

One later day I brought the masons there
To find what view my dim forbears had shunned,
But as they pierced the stone, a rush of air
Burst from the alien voids that yawned beyond.
They fled—but I peered through and found unrolled
All the wild worlds of which my dreams had told.

XVI. La ventana

Era vieja la casa, con enredadas alas derribadas,
de las que nadie hubiera podido intentar estar al día,
y en una pequeña habitación cercana a la parte trasera
había una extraña ventana sellada con antigua piedra.
Allí, en una infancia plagada de sueños, solitaria
solía ir, cuando reinaba la noche vaga y negra;
rompiendo las telarañas con una curiosa falta
de miedo, y un asombro cada vez mayor.

Más tarde, un día llevé allí mamposteros
para descubrir qué vista mis lejanos antepasados eludían,
pero, cuando picaban la piedra, una ráfaga de aire
estalló desde los ajenos vacíos que más allá se abrían.
Huyeron—pero miré y vi desplegados
todos los mundos salvajes que mis sueños me habían narrado.

XVII. A Memory

There were great steppes, and rocky table-lands
Stretching half-limitless in starlit night,
With alien campfires shedding feeble light
On beasts with tinkling bells, in shaggy bands.
Far to the south the plain sloped low and wide
To a dark zigzag line of wall that lay
Like a huge python of some primal day
Which endless time had chilled and petrified.

I shivered oddly in the cold, thin air,
And wondered where I was and how I came,
When a cloaked form against a campfire's glare
Rose and approached, and called me by my name.
Staring at that dead face beneath the hood,
I ceased to hope—because I understood.

XVII. Un recuerdo

Había vastas estepas y rocosas mesetas
extendiéndose casi ilimitadas en la noche estrellada,
foráneas fogatas arrojaban débil luz
sobre bestias con cascabeles tintineantes, en greñudas bandas.
Lejos, al sur, la planicie se inclinaba, baja y ancha
describiendo un zigzag de muros, reposando
como una pitón gigante y primitiva
que el infinito hubiera congelado, petrificado.

En el aire frío, fino, temblé de forma extraña
y me pregunté cómo vine y dónde estaba
cuando una figura encapuchada recortada contra el brillo
de la fogata
surgió y se acercó, llamándome por mis señas.
Contemplando el rostro muerto bajo la capa
la esperanza perdí—porque comprendí.

XVIII. The Gardens of Yin

Beyond that wall, whose ancient masonry
Reached almost to the sky in moss-thick towers,
There would be terraced gardens, rich with flowers,
And flutter of bird and butterfly and bee.
There would be walks, and bridges arching over
Warm lotos-pools reflecting temple eaves,
And cherry-trees with delicate boughs and leaves
Against a pink sky where the herons hover.

All would be there, for had not old dreams flung
Open the gate to that stone-lanterned maze
Where drowsy streams spin out their winding ways,
Trailed by green vines from bending branches hung?
I hurried—but when the wall rose, grim and great,
I found there was no longer any gate.

XVIII. Los jardines de Yin

Más allá de ese muro, cuya antigua mampostería
en torres de grueso musgo hasta el cielo subía.
Allí habría terrazas ajardinadas, repletas de flores,
y aleteos de pájaro, mariposa y abeja.
Habría paseos y puentes que se arquean
sobre piscinas de loto, reflejando los templos, sus aleros,
y hojas y ramas de delicados cerezos
contra un cielo rosado en el que revolotean las garzas.

Todo estaría allí, pues ¿no habían abierto los viejos sueños
la puerta de ese laberinto de linternas de piedra
donde arroyos somnolientos tejen sus sinuosos caminos,
y verdes enredaderas cuelgan de sus ramas?
Me apresuré, pero cuando el muro se alzó, grande y gris,
ya no había puerta alguna, descubrí.

XIX. The Bells

Year after year I heard that faint, far ringing
Of deep-toned bells on the black midnight wind;
Peals from no steeple I could ever find,
But strange, as if across some great void winging.
I searched my dreams and memories for a clue,
And thought of all the chimes my visions carried;
Of quiet Innsmouth, where the white gulls tarried
Around an ancient spire that once I knew.

Always perplexed I heard those far notes falling,
Till one March night the bleak rain splashing cold
Beckoned me back through gateways of recalling
To elder towers where the mad clappers tolled.
They tolled—but from the sunless tides that pour
Through sunken valleys on the sea's dead floor.

XIX. Las campanas

Año tras año escucho el débil, lejano repiqueteo
de campanas profundas en el negro viento de medianoche;
nunca hallé de campanario ningún tañido,
sino un ruido extraño, como si volara a través de un gran vacío.
Busqué en mis sueños y recuerdos una pista
y pensé en todos los timbres que mis visiones me traían
de la tranquila Innsmouth, donde las blancas gaviotas
permanecen cerca de una antigua aguja que conocí un día.

Siempre perplejo ante esas notas lejanas derramándose
hasta que, una noche de marzo, la lúgubre lluvia salpicando de frío
me convocó, a través de las puertas del recuerdo,
a antiguas torres donde sonaban badajos enloquecidos.
Sonaban, pero desde las mareas sin sol que discurren
a través de valles hundidos hacia el fondo muerto del mar.

XX. Night-Gaunts

Out of what crypt they crawl, I cannot tell,
But every night I see the rubbery things,
Black, horned, and slender, with membraneous wings,
And tails that bear the bifid barb of hell.
They come in legions on the north wind's swell,
With obscene clutch that titillates and stings,
Snatching me off on monstrous voyagings
To grey worlds hidden deep in nightmare's well.

Over the jagged peaks of Thok they sweep,
Heedless of all the cries I try to make,
And down the nether pits to that foul lake
Where the puffed shoggoths splash in doubtful sleep.
But oh! If only they would make some sound,
Or wear a face where faces should be found!

XX. Noctívagos demacrados

De qué cripta salen arrastrándose, no sé,
pero todas las noches vislumbro elásticas criaturas,
negras, delgadas, con cuernos y membranosas alas
y colas que portan la bífida punta del infierno.
Vienen en legiones, sobre el oleaje del viento del norte,
con garras obscenas que titilan y punzan,
arrastrándome a periplos monstruosos
hacia mundos grises bien ocultos en el pozo de la pesadilla.

Sobre las escarpadas cimas de Thok planean,
desoyendo cualquier protesta que profiera,
y por las fosas inferiores a ese inmundo lago
en el que chapotean en dudoso sueño shoggoths hinchados.
Pero ¡ay! Si tan solo emitieran algún sonido
o tuvieran rostros donde rostros debieran hallarse.

XXI. Nyarlathotep

And at the last from inner Egypt came
The strange dark One to whom the fellahs bowed;
Silent and lean and cryptically proud,
And wrapped in fabrics red as sunset flame.
Throngs pressed around, frantic for his commands,
But leaving, could not tell what they had heard;
While through the nations spread the awestruck word
That wild beasts followed him and licked his hands.

Soon from the sea a noxious birth began;
Forgotten lands with weedy spires of gold;
The ground was cleft, and mad auroras rolled
Down on the quaking citadels of man.
Then, crushing what he chanced to mould in play,
The idiot Chaos blew Earth's dust away.

XXI. Nyarlathotep

Y finalmente vino desde las profundidades de Egipto
el extraño y oscuro ante quien los labriegos se inclinaban;
silencioso y austero y de orgullo críptico,
envuelto en tejidos púrpuras como la llama del crepúsculo.
La multitud se congregaba, por sus órdenes desesperada,
pero, al marcharse, no podrían haber dicho qué habían oído;
mientras se extendía el fascinado rumor por los núcleos urbanos
de que bestias salvajes lo seguían y lamían sus manos.

Pronto, en el mar comenzó un parto nocivo;
tierras olvidadas con largas agujas de oro;
se abrió la tierra y dementes auroras se abatieron
sobre las ciudadelas del hombre, trémulas.
Entonces, aplastando lo que jugando por casualidad moldeó,
el necio Caos, de un soplido, la Tierra, que es polvo, barrió.

XXII. Azathoth

Out in the mindless void the daemon bore me,
Past the bright clusters of dimensioned space,
Till neither time nor matter stretched before me,
But only Chaos, without form or place.
Here the vast Lord of All in darkness muttered
Things he had dreamed but could not understand,
While near him shapeless bat-things flopped and fluttered
In idiot vortices that ray-streams fanned.

They danced insanely to the high, thin whining
Of a cracked flute clutched in a monstrous paw,
Whence flow the aimless waves whose chance combining
Gives each frail cosmos its eternal law.
"I am His Messenger," the daemon said,
As in contempt he struck his Master's head.

XXII. Azathoth

Por el vacío atroz me llevó el demonio,
más allá de los brillantes cúmulos de la dimensión cósmica,
hasta que ni tiempo ni materia ya ante mí se extendían,
solo el Caos, amorfo y ubicuo.
Allí el vasto Señor de Todo murmuraba en lo oscuro
lo que había soñado y entender no podía,
mientras que cerca de él, informes, coleteaban criaturas vampíricas,
en necios vórtices surcados por haces de luz.

Dementes bailaban, hacia el agudo, débil quejido
de una ajada flauta en monstruosa garra aferrada.
De allí vanas ondas fluían, cuya casual combinación
a cada frágil cosmos su ley eterna otorga.
«Soy Su Mensajero», dijo el demonio,
y la cabeza de su Amo golpeó, casi con sorna.

XXIII. Mirage

I do not know if ever it existed—
That lost world floating dimly on Time's stream—
And yet I see it often, violet-misted,
And shimmering at the back of some vague dream.
There were strange towers and curious lapping rivers,
Labyrinths of wonder, and low vaults of light,
And bough-crossed skies of flame, like that which quivers
Wistfully just before a winter's night.

Great moors led off to sedgy shores unpeopled,
Where vast birds wheeled, while on a windswept hill
There was a village, ancient and white-steepled,
With evening chimes for which I listen still.
I do not know what land it is—or dare
Ask when or why I was, or will be, there.

XXIII. Espejismo

No sé si alguna vez existió—
esa palabra perdida apenas flotando en la corriente del Tiempo—
y aún así, la veo a menudo, neblina violácea,
brillando en el fondo de un vago sueño.
Allí estaban las extrañas torres y los curiosos ríos, sinuosos,
laberintos de asombro y tenues cúpulas de luz,
y llameantes cielos surcados de ramas, como aquello que tiembla,
antes de la noche invernal, gozoso.

Vastos páramos conducían a orillas jalonadas de juncos, despobladas,
que vastos pájaros sobrevolaban. Mientras, en una colina
    que el viento acariciaba
había un pueblo, antiguo y cubierto de blancos campanarios
y timbres nocturnos que aún escucho.
No sé qué tierra es esta—ni me atrevo
a preguntar cuándo o por qué estuve o estaré allí de nuevo.

XXIV. The Canal

Somewhere in dream there is an evil place
Where tall, deserted buildings crowd along
A deep, black, narrow channel, reeking strong
Of frightful things whence oily currents race.
Lanes with old walls half meeting overhead
Wind off to streets one may or may not know,
And feeble moonlight sheds a spectral glow
Over long rows of windows, dark and dead.

There are no footfalls, and the one soft sound
Is of the oily water as it glides
Under stone bridges, and along the sides
Of its deep flume, to some vague ocean bound.
None lives to tell when that stream washed away
Its dream-lost region from the world of clay.

XXIV. El canal

Hay un sitio maligno en algún lugar del sueño
en el que se acumulan edificios altos y desiertos
a lo largo de un canal profundo, estrecho, negro, apestoso
de miedo, por donde fluyen caudales oleosos.
Calles de antiguos muros que se cierran sobre las cabezas
en calles que uno puede o no conocer desembocan,
y la débil luz de la luna arroja un brillo espectral
sobre largas hileras de ventanas, oscuras y muertas.

No hay rastro de huellas y el único sonido amortiguado
es el de las aceitosas aguas al discurrir
bajo puentes de piedra, y a los lados
del profundo canal, destino a algún mar desconocido.
Nadie vive que pueda contar cuándo ese arroyo se llevó
del mundo del barro su desesperanzada región.

XXV. St. Toad's

"Beware St. Toad's cracked chimes!" I heard him scream
As I plunged into those mad lanes that wind
In labyrinths obscure and undefined
South of the river where old centuries dream.
He was a furtive figure, bent and ragged,
And in a flash had staggered out of sight,
So still I burrowed onward in the night
Toward where more roof-lines rose, malign and jagged.

No guide-book told of what was lurking here—
But now I heard another old man shriek:
"Beware St.Toad's cracked chimes!" And growing weak,
I paused, when a third greybeard croaked in fear:
"Beware St. Toad's cracked chimes!" Aghast, I fled—
Till suddenly that black spire loomed ahead.

XXV. St.Toad

¡Contempla las ajadas campanas de St.Toad!, le escuché gritar
al adentrarme en las enajenadas calles que desembocaban
en laberintos oscuros e indefinidos
al sur del río, donde sueñan siglos antiguos.
Era una figura furtiva, doblada y andrajosa,
y en un instante se había esfumado
así que en la noche continué indagando
hacia donde más tejados emergían, malignos y escarpados.

Ninguna guía hablaba de lo que allí acechaba—
pero ahora oía a otro viejo desgañitarse:
¡Contempla las ajadas campanas de St.Toad! Y, debilitado,
frené, cuando un tercer matusalén graznó asustado:
¡Contempla las ajadas campanas de St.Toad! Hui espantado—
hasta que esa aguja negra, de pronto, sobre el horizonte se cernió.

XXVI. The Familiars

John Whateley lived about a mile from town,
Up where the hills began to huddle thick;
We never thought his wits were very quick,
Seeing the way he let his farm run down.
He used to waste his time on some queer books
He'd found around the attic of his place,
Till funny lines got creased into his face,
And folks all said they didn't like his looks.

When he began those night-howls we declared
He'd better be locked up away from harm,
So three men from the Aylesbury town farm
Went for him—but came back alone and scared.
They'd found him talking to two crouching things
That at their step flew off on great black wings.

XXVI. Los familiares

John Whateley vivía una milla más allá de la ciudad,
donde comenzaban las colinas a apiñarse;
nunca pensamos que fuera muy avispado,
por la forma en la que permitió a su granja arruinarse.
Perdía su tiempo siempre en libros raros
que en el ático de su casa encontró
hasta que arrugas extrañas en su rostro se plegaron
y la gente su aspecto rechazó.

Cuando empezó con los aullidos nocturnos decidimos
que mejor estaría lejos de cualquier daño, encerrado,
y de la ciudad granjera de Aylesbury tres hombres
fueron por él y volvieron solos y asustados.
Lo encontraron hablando con dos criaturas agazapadas
que, al oír sus pasos, con grandes alas negras volaron.

XXVII. The Elder Pharos

From Leng, where rocky peaks climb bleak and bare
Under cold stars obscure to human sight,
There shoots at dusk a single beam of light
Whose far blue rays make shepherds whine in prayer.
They say (though none has been there) that it comes
Out of a pharos in a tower of stone,
Where the last Elder One lives on alone,
Talking to Chaos with the beat of drums.

The Thing, they whisper, wears a silken mask
Of yellow, whose queer folds appear to hide
A face not of this earth, though none dares ask
Just what those features are, which bulge inside.
Many, in man's first youth, sought out that glow,
But what they found, no one will ever know.

XXVII. El Antiguo faro

Desde Leng, donde picos rocosos ascienden crudos y desnudos
bajo frías estrellas ocultas a la mirada humana,
allí se alza al atardecer un único rayo de luz
cuya estela azulada provoca la plegaria quejumbrosa del pastor.
Dicen que viene (aunque ninguno allí ha estado)
de una torre de piedra, un faro
donde el último Antiguo vive solo,
hablando con el Caos al son de los tambores.

La Criatura, susurran, lleva una máscara de seda
amarilla, cuyos extraños pliegues parecen esconder
un rostro de otro mundo, aunque nadie se atreve a preguntar
qué facciones son esas que se revuelven debajo.
Muchos, en la primera juventud del hombre, ese brillo buscaron
pero nunca nadie supo lo que encontraron.

XXVIII. Expectancy

I cannot tell why some things hold for me
A sense of unplumbed marvels to befall,
Or of a rift in the horizon's wall
Opening to worlds where only gods can be.
There is a breathless, vague expectancy,
As of vast ancient pomps I half recall,
Or wild adventures, uncorporeal,
Ecstasy-fraught, and as a day-dream free.

It is in sunsets and strange city spires,
Old villages and woods and misty downs,
South winds, the sea, low hills, and lighted towns,
Old gardens, half-heard songs, and the moon's fires.
But though its lure alone makes life worth living,
None gains or guesses what it hints at giving.

XXVIII. Expectación

No puedo explicar por qué algunas cosas me producen
sensación de inminentes insondables maravillas,
o de grieta en el muro del horizonte,
abriéndose a mundos reservados a los dioses.
Existe una vaga, jadeante expectación,
como de vastas pompas antiguas que apenas recuerdo,
o de aventuras salvajes, incorpóreas,
henchidas de éxtasis y libres como el soñar despierto.

Se encuentra en los atardeceres y las extrañas agujas de las
 ciudades,
en poblados antiguos y bosques y en la niebla baja,
en los vientos del sur, el mar, pequeñas colinas y pueblos
 iluminados,
en jardines ancianos, canciones escuchadas a medias
 y en las llamaradas de la luna.
Pero a pesar de que su atractivo basta para que merezca
 la pena respirar,
ninguno logra ni adivina lo que insinúa dar.

XXIX. Nostalgia

Once every year, in autumn's wistful glow,
The birds fly out over an ocean waste,
Calling and chattering in a joyous haste
To reach some land their inner memories know.
Great terraced gardens where bright blossoms blow,
And lines of mangoes luscious to the taste,
And temple-groves with branches interlaced
Over cool paths—all these their vague dreams shew.

They search the sea for marks of their old shore—
For the tall city, white and turreted—
But only empty waters stretch ahead,
So that at last they turn away once more.
Yet sunken deep where alien polyps throng,
The old towers miss their lost, remembered song.

XXIX. Nostalgia

Una vez al año, bajo el brillo otoñal y melancólico
sobrevuelan los pájaros la amplitud oceánica,
llamando y parloteando en gozoso frenesí
hasta llegar a alguna tierra en su memoria albergada.
Brillantes flores ondeantes en grandes terrazas ajardinadas,
e hileras de mangos exquisitos al gusto,
y arboledas como templos en ramas entrelazadas
sobre frescos caminos—todo esto les muestran sus vagos sueños.

Escrutinan el mar en busca de señales de su antigua orilla—
de la alta ciudad, blanca y cubierta de torretas—
pero ante ellos solo se extienden aguas vacías
así que, una vez más, se dan la vuelta.
Pero, sumergidas en las profundidades, donde inquietantes
tentáculos se apilan,
echan las viejas torres de menos su canción, recordada y perdida.

XXX. Background

I never can be tied to raw, new things,
For I first saw the light in an old town,
Where from my window huddled roofs sloped down
To a quaint harbour rich with visionings.
Streets with carved doorways where the sunset beams
Flooded old fanlights and small window-panes,
And Georgian steeples topped with gilded vanes—
These were the sights that shaped my childhood dreams.

Such treasures, left from times of cautious leaven,
Cannot but loose the hold of flimsier wraiths
That flit with shifting ways and muddled faiths
Across the changeless walls of earth and heaven.
They cut the moment's thongs and leave me free
To stand alone before eternity.

XXX. Origen

No se me podrá atar a cosas nuevas, en bruto,
pues vi la luz por vez primera en un pueblo antiguo,
desde mi ventana discurrían apiñados los tejados
hasta un puerto evocador de visiones, pintoresco.
Calles de puertas talladas en las que el sol inundaba
viejas lámparas de techo y el cristal de las ventanas,
y campanarios georgianos rematados con veletas doradas—
Esas fueron las vistas que conformaron los sueños de mi infancia.

Tesoros así, residuos de más prudentes tiempos,
no pueden sino perder la custodia de espectros más endebles
que revolotean con alternancia y enmarañadas fes
a través de los inmarcesibles muros de la Tierra y el Cielo.
Cortan los hilos del momento y soy libre
para estar solo frente a la eternidad.

XXXI. The Dweller

It had been old when Babylon was new;
None knows how long it slept beneath that mound,
Where in the end our questing shovels found
Its granite blocks and brought it back to view.
There were vast pavements and foundation-walls,
And crumbling slabs and statues, carved to shew
Fantastic beings of some long ago
Past anything the world of man recalls.

And then we saw those stone steps leading down
Through a choked gate of graven dolomite
To some black haven of eternal night
Where elder signs and primal secrets frown.
We cleared a path—but raced in mad retreat
When from below we heard those clumping feet.

XXXI. El habitante

Era vieja cuando Babilonia era joven;
nadie sabe cuánto tiempo durmió bajo ese túmulo,
en el que al final nuestras anhelantes palas encontraron
sus bloques de granito y a la superficie la sacaron.
En sus inabarcables calles y cimientos,
losas desmoronándose y estatuas modeladas
a partir de criaturas fantásticas y antiguas,
más de lo que el mundo del hombre recordaba.

Y entonces vimos la descendente escalera de piedra
a través de la dolomita esculpida de una puerta hacia
algún negro remanso de eterna noche
donde signos antiguos y secretos primigenios hacen reproches.
Abrimos un camino, pero corrimos en frenética retirada
cuando desde abajo oímos aquellas pisadas.

XXXII. Alienation

His solid flesh had never been away,
For each dawn found him in his usual place,
But every night his spirit loved to race
Through gulfs and worlds remote from common day.
He had seen Yaddith, yet retained his mind,
And come back safely from the Ghooric zone,
When one still night across curved space was thrown
That beckoning piping from the voids behind.

He waked that morning as an older man,
And nothing since has looked the same to him.
Objects around float nebulous and dim—
False, phantom trifles of some vaster plan.
His folk and friends are now an alien throng
To which he struggles vainly to belong.

XXXII. Alienación

Su sólida carne nunca había salido,
se encontraba en su lugar habitual cada amanecer,
pero todas las noches gustaba su espíritu de correr
por golfos y mundos desconocidos.
Había visto a Yaddith y mantenido la cordura,
y de la región Ghoorica volvió sin ayuda,
cuando, una noche tranquila, a través del espacio ondulante,
desde el vacío, le alcanzó esa flauta atrayente.

Se despertó esa mañana envejecido
y nada desde entonces fue para él lo que había sido.
Los objetos flotan a su alrededor, tenues y nebulosos—
Figuraciones nimias, fantasmales, parte de un plan más poderoso.
Su especie es ahora una marabunta ajena
a la que él ya no pertenece apenas.

XXXIII. Harbour Whistles

Over old roofs and past decaying spires
The harbour whistles chant all through the night;
Throats from strange ports, and beaches far and white,
And fabulous oceans, ranged in motley choirs.
Each to the other alien and unknown,
Yet all, by some obscurely focussed force
From brooding gulfs beyond the Zodiac's course,
Fused into one mysterious cosmic drone.

Through shadowy dreams they send a marching line
Of still more shadowy shapes and hints and views;
Echoes from outer voids, and subtle clues
To things which they themselves cannot define.
And always in that chorus, faintly blent,
We catch some notes no earth-ship ever sent.

XXXIII. Silbidos del puerto

Más allá de decadentes agujas y sobre viejos tejados,
toda la noche se escuchan los silbidos del puerto, cantados;
playas lejanas y blancas, gargantas de extraños embarcaderos
y fabulosos océanos forman variopintos coros.
Cada uno desconocido para el otro, extranjeros,
pero todos fundidos en un misterioso zumbido cósmico
por una fuerza concentrada oscuramente
desde golfos más allá del curso del zodíaco, melancólicos.

A través de sueños sombríos una marcha envían
de aún más sombrías figuras, pistas;
insinuaciones sutiles y ecos de vacíos exteriores, vistas,
de cosas que ellos mismos definir no sabrían.
Y siempre en ese coro, apenas escondidas,
entreoímos unas notas que un barco terrestre jamás emitiría.

XXXIV. Recapture

The way led down a dark, half-wooded heath
Where moss-grey boulders humped above the mould,
And curious drops, disquieting and cold,
Sprayed up from unseen streams in gulfs beneath.
There was no wind, nor any trace of sound
In puzzling shrub, or alien-featured tree,
Nor any view before—till suddenly,
Straight in my path, I saw a monstrous mound.

Half to the sky those steep sides loomed upspread,
Rank-grassed, and cluttered by a crumbling flight
Of lava stairs that scaled the fear-topped height
In steps too vast for any human tread.
I shrieked—and knew what primal star and year
Had sucked me back from man's dream-transient sphere!

XXXIV. Recuperar

El camino bajaba hasta un páramo oscuro, de vegetación escasa
con peñascos de musgoso gris abultando el moho,
inquietantes y frías, curiosas gotas
rociadas desde corrientes invisibles de golfos subterráneos.
No había viento, ni rastro de sonidos
en los confusos arbustos, o en árboles foráneos,
ni tampoco vi nada hasta que, de pronto,
justo en mi camino, descubrí un monstruoso montículo.

Casi hasta el cielo se elevaban aquellas laderas escarpadas,
cubiertas de hierba y ocupadas
por un tramo desmoronado de escaleras de lava
que escalaban la altura coronada de miedo
a escalones demasiado amplios para la pisada humana.
Grité—y supe qué astro y año originarios
me habían retirado de la esfera de sueños del hombre, transitorios.

XXXV. Evening Star

I saw it from that hidden, silent place
Where the old wood half shuts the meadow in.
It shone through all the sunset's glories—thin
At first, but with a slowly brightening face.
Night came, and that lone beacon, amber-hued,
Beat on my sight as never it did of old;
The evening star—but grown a thousandfold
More haunting in this hush and solitude.

It traced strange pictures on the quivering air—
Half-memories that had always filled my eyes—
Vast towers and gardens; curious seas and skies
Of some dim life—I never could tell where.
But now I knew that through the cosmic dome
Those rays were calling from my far, lost home.

XXXV. Estrella del véspero

La vi desde ese sitio, oculto y silencioso
donde el viejo bosque encierra al prado.
Brilló a través de toda la gloria del crepúsculo—débil
al principio, pero más bruñida a cada hora.
Llegó la noche y, teñido de ámbar, ese solitario faro
mi vista golpeó como nunca lo hizo antaño;
la estrella del véspero, multiplicada por mil,
en aquella solitaria quietud, aún más cautivadora.

En el aire trémulo extrañas formas dibujaba—
vagos recuerdos que siempre habían ocupado mis ojos—
vastas torres y jardines, mares y cielos curiosos,
de tenue vida—nunca supe decir dónde.
Pero ahora sabía que, a través de la cúpula cósmica,
aquel destello desde mi casa, lejana y perdida, me llamaba.

XXXVI. Continuity

There is in certain ancient things a trace
Of some dim essence—more than form or weight;
A tenuous aether, indeterminate,
Yet linked with all the laws of time and space.
A faint, veiled sign of continuities
That outward eyes can never quite descry;
Of locked dimensions harbouring years gone by,
And out of reach except for hidden keys.

It moves me most when slanting sunbeams glow
On old farm buildings set against a hill,
And paint with life the shapes which linger still
From centuries less a dream than this we know.
In that strange light I feel I am not far
From the fixt mass whose sides the ages are.

XXXVI. Continuidad

Hay en ciertas cosas antiguas un rastro
de una esencia tenue—más que forma o peso;
un tenuo éter, indeterminado,
pero a todas leyes de tiempo y espacio ligado.
Un débil signo de continuidad, velado,
que ojos ajenos nunca del todo vislumbrarían;
de dimensiones cerradas que albergan el pasado
y solo ocultas llaves alcanzarían.

Cuando más me conmueve es cuando brilla el sol
sobre viejas granjas contra una colina,
y pinta de vida anamnésicas formas
de siglos a menos de un sueño de este que conocemos.
Bajo esa extraña luz siento que no estoy lejos
de la masa fija cuyo rostro es el tiempo.

ÍNDICE

Este libro se terminó de editar en Granada
en octubre de 2024 por

www.aversopoesia.com
hola@aversopoesia.com